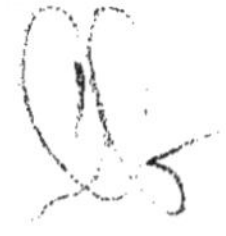

Vente du Samedi 5 Mai 1866

OBJETS D'ART

ET DE CURIOSITÉ

De M. F. (de Florence.)

Freppa

EXPOSITION PUBLIQUE

Le Vendredi 4 Mai 1866.

Me Charles PILLET, Commissaire-Priseur

M. Carle DELANGE, Expert.

PARIS. — IMPRIMERIE PILLET FILS AINÉ
5. RUE DES GRANDS-AUGUSTINS

CATALOGUE

D'UNE COLLECTION

D'OBJETS D'ART

ET DE CURIOSITÉ

De M. F... (de Florence).

Sculptures anciennes ;
Faïences italiennes ; Émaux de Limoges; Vitraux ;

SCULPTURES EN MARBRE DE M. SEBASTIANINI (DE FIESOLE)

DONT LA VENTE AUX ENCHÈRES PUBLIQUES AURA LIEU

HOTEL DROUOT, SALLE N° 7

Le Samedi 5 Mai 1866.

A DEUX HEURES

Par le Ministère de Mᵉ **Charles PILLET**, Commissaire-Priseur,
11, rue de Choiseul.

Assisté de M. **Carle DELANGE**, quai Voltaire, 5.

Chez lesquels se trouve le Catalogue.

EXPOSITION PUBLIQUE

Le Vendredi 4 Mai 1866, de une heure à cinq.

CONDITIONS DE LA VENTE

Elle sera faite au comptant.

Les adjudicataires payeront cinq pour cent en sus des enchères.

L'exposition mettant le public à même de se rendre compte de l'état des objets, il ne sera admis aucune réclamation une fois l'adjudication prononcée.

Paris. Impr. de Pillet fils aîné, rue des rands-Augustins,

AVANT PROPOS

Les objets que nous offrons en vente sont les derniers que possède M. F***, l'antiquaire le plus connu d'Italie, et aujourd'hui complétement retiré des affaires. Il avait conservé de M. Giovanni Sebastianini (de Fiesole), sculpteur distingué de Florence, connu de tous les amateurs touristes pour les belles reproductions qu'il a faites des ouvrages des artistes florentins des xve et xvie siècles, plusieurs marbres dont il se défait aujourd'hui.

On remarquera aussi, dans cette vente, de beaux émaux de Limoges, un joli tabernacle en marbre, ouvrage italien du xve siècle, un buste de jeune homme en terre cuite du xve, une cheminée monumentale de même époque, enfin plusieurs belles faïences italiennes, d'auteurs et de fabriques estimés, dont plusieurs avec dates et signatures.

DÉSIGNATION

DES OBJETS

1 — Tabernacle ou custode en marbre blanc. Deux pilastres cannelés, à chapiteaux corinthiens, supportent un riche entablement couronné d'un fronton cintré; sur les montants de la partie biaise qui s'enfonce vers l'ouverture, sont sculptés deux beaux candélabres dans le goût antique. Charmant monument de la fin du xve siècle en Italie.

2 — Belle et grande cheminée italienne en pierre d'Istrie à grain fin. Elle se compose d'un entablement avec ses retours, soutenu sur des consoles s'appuyant sur des pieds droits formés par des pilastres à chapiteaux corinthiens; elle est richement décorée d'ornements finement sculptés dans le style de la fin du xve siècle.

3 — Buste en marbre de femme, grandeur nature, avec coiffure diadémée; elle est vêtue d'une tunique ouverte par devant.

4 — Statue en marbre demi-nature. — Vénus debout dans la pose de celle de Médicis, attendant la pomme.

5 — Autre, formant pendant. — Vénus tenant la pomme qu'elle vient de remporter.

Ces trois ouvrages sont d'artistes italiens de notre siècle.

6 — Buste de jeune homme en terre cuite; il est vêtu d'une robe serrée au col, et porte les cheveux longs. Sculpture pleine de vérité et du plus grand caractère. Travail italien du xv⁰ siècle.

7 — Buste en terre cuite représentant la figure du Christ. Beau travail italien dans le style de Verocchio.

8 — Buste d'homme en terre cuite, belle imitation du xv⁰ siècle.

9 — Buste de femme en terre cuite, de même travail.

10 — Très-belle et grande assiette en émail de Limoges, représentant un des sujets de l'histoire de Psyché, avec une riche bordure d'arabesques entremêlées de figures d'enfants. Le revers est également décoré d'entrelacs et de quatre têtes de chérubins.

11 — Coupe en émail de Limoges, représentant le Jugement de Pâris. Les trois déesses sont debout, et le jeune berger assis à gauche, en costume de chevalier de la fin du xv⁰ siècle.

12 — Couvercle de coupe en émail de Limoges, représentant
Diane sur un char traîné par deux cerfs, et suivie de ses
nymphes. L'intérieur est richement décoré d'entrelacs et
de quatre médaillons renfermant des portraits.
Ce beau couvercle est de Pierre Reymond.

13 — Deux vases en bas-relief émaillés sur fond bleu, conte-
nant des bouquets de lis de Luca della Robbia. Charmant
spécimen de cette fabrique.

14 — Petit buste de femme dans un costume du xv° siècle, formant un vase en terre cuite émaillée. Curieux spécimen
de la fabrique ancienne de Faenza.

15 — Cornet à décor de feuillages, avec médaillon renfermant
un portrait d'homme en buste et coiffé d'un chapeau. Ancienne fabrique de Faenza.

16 — Grand plat représentant le centaure Nessus enlevant
Déjanire, avec bordure de feuillages et de rinceaux. Ancienne fabrique de Deruta.

17 — Plat à fond orange ; au centre, sur fond blanc, une armoirie. La bordure est décorée d'arabesques et de médaillons ; deux renfermant des armoiries à têtes de nègres, et
et les deux autres des portraits de Guidubaldo père et fils,
de la famille della Rovere. Fabrique de Faenza.

18 — Plat fond bleu richement décoré d'arabesques et de chimères en camaïeu. Il est daté de 1533. Fabrique de Deruta.

19 — Grand et beau plat représentant saint Jérôme priant. La bordure, à fond orangé, est richement décorée de feuillages et de trophées. Fabrique de Faenza.

20 — Grand plat représentant une figure de sainte dans un paysage, avec bordure richement décorée d'arabesques en couleurs sur fond bleu. Fabrique ancienne de Faenza.

21 — Cornet sur lequel est peint un personnage en buste couronné de feuillages, de l'époque du xve siècle. Fabrique de Faenza.

22 — Plat à bossettes décoré d'arabesques et de feuillages sur fonds de diverses couleurs; au centre, un médaillon représentant Mucius Scœvola. Fabrique ancienne de Faenza.

23 — Plat dit *Amatoria*, richement décoré d'arabesques en camaïeu sur fond bleu; au centre, un buste de jeune homme. Fabrique de Faenza.

24 — Joli petit plat à relief, représentant saint Jérôme dans un paysage, il est décoré de reflets métalliques rouges cuivreux. Fabrique de Gubbio.

25 — Grand plat représentant un buste d'homme légèrement barbu, avec costume du tiers du xvie siècle, avec bordure d'imbrications et de feuillages. Fabrique de Caffagiolo.

26 — Petit drageoir décoré, à l'imitation persane, de feuillages polychromes. Fabrique de Caffagiolo.

27 — Coupe à piédouche élevé décorée d'arabesques en grotesques camaïeu sur fond blanc; au centre, une figure d'Amour. Fabrique de Caffagiolo.

28 — Plateau creux, représentant Vénus et l'Amour sur des dauphins. Fabrique de Faenza.

29 — Plat représentant Hercule, vu de dos, dans un paysage. Fabrique de Faenza.

30 — Grande potiche à décor bleu sur fond blanc, composé de feuillages, rinceaux et chimères. Ancienne fabrique de Faenza.

31 — Plat de moyenne grandeur, représentant le sujet de Metabus lançant, attachée à son javelot, la jeune Camille au delà du fleuve des Amazones. Daté 1541; signé X. (Xantho.)

32 — Plat à reflets métalliques, représentant le sujet d'Orphée arrivant aux bords de l'Achéron, et charmant Cerbère. Daté 1532; signé Fra. Xan to. A. da Rovigo. Urbino.

33 — Plat à reflets métalliques, représentant Glaucus et Sylla. Daté 1535, et signé : fra. X. R.

34 — Joli plat représentant Tarquin et Lucrèce. Fabrique d'Urbino, par Xantho da Rovigo.

35 — Plat représentant Pyrame et Thisbé. Fabrique d'Urbino.

36 — Plat représentant le combat d'Hercule contre l'hydre de Lerne. Le revers porte l'inscription suivante :

In Botega di M° Guido Durantino in urbino. 1535.

37 — Grand plat représentant un sujet mythologique. Fabrique d'Urbino, fin du xvie siècle, par Alfonso Patanazzi.

38 — Plat décoré d'arabesques en grotesques sur fond blanc ; au centre, un médaillon renfermant une figure d'Amour avec l'inscription : ARDET IN ETERNUM. Fabrique d'Urbino.

39 — Joli cornet à fond blanc, décoré de rinceaux b'anco sopra blanco, avec médaillons bleus et jaunes en camaïeu. En haut et en bas de la panse règne une guirlande de feuillages verts. Fabrique de Castel-Durante.

40 — Plat creux représentant le Passage de la mer Rouge. Dans le fond, on voit l'armée de Pharaon engloutie dans les flots.

41 — Plat représentant un Festin. Il est décoré d'une armoirie de cardinal. Daté 1542.

42 — Plat représentant un sujet mythologique.

43 — Plat creux avec armoirie. Il représente Mucius Scæ-
vola.

44 — Plat creux; au centre, une tête de femme, avec l'inscription : LUCRETIA.

45 — Antre buste de femme de trois quarts, avec l'inscription :
GIULIA BELLA.

46 — Petite tasse d'accouchée, avec couvercle, décorée d'arabesques en grotesques sur fond blanc.

46 *bis*. — Coupe à piédouche décoré d'arabesques sur fond
blanc, avec couvercle dépareillé.

47 — Grand et beau plat à fond blanc, décoré d'arabesques
en grotesques ; au centre, un médaillon représentant un
sujet libre. Fabrique d'Urbino, fin du XVI⁵ siècle.

48 — Deux potiches à décor de trophées, avec médaillon renfermant des figures de saints. Fabrique de Faenza.

49 — Deux grandes potiches à décor de feuilleges et rosaces
polychromes. Fabrique de Faenza.

50 — Deux cornets à décor d'arabesques et de feuillages, avec
médaillon renfermant des figures de saints. Faenza.

51 — Six cornets à décor de feuillages avec médaillons. Fabrique de Faenza. Ce lot sera divisé.

Ce lot sera divisé.

52 — Deux cornets à fond bleu clair, décor polychrome.

53 — Plateau représentant Apollon et Marsyas dans un paysage. Fabrique de Castelli. L'écorcheur est dans la pose du remouleur antique.

54 — Grande vasque hispano-arabe à décor reflets rouges cuivreux très-vifs.

54 bis — Deux grands et beaux plats hispano-arabes à décors bleus et à reflets dorés.

55 — Cornet hispano-arabe à décor de feuillages bleus et d'ornements à reflets cuivreux.

56 — Petit vase à couvercle hispano-arabe, décoré d'ornements à reflets métalliques rouges cuivreux.

57 — Petit vase hispano-arabe, de forme évasée, à reflets métalliques, décoré de rosaces cuivrées et d'ornements bleus.

58 — Un plat persan, à décor d'œillet.

59 — Un autre analogue.

60 — Un autre analogue.

61 — Deux potiches à couvercle, en faïence jaspée.

62 — Petit vase de même fabrication.

63 — Vases à fleurs à deux anses, à décor polychrome.

64 — Pot à couvercle, avec une anse et goulot formé par un serpent enroulé, décor polychrome.

65 — Grande soupière, de forme oblongue, à décor poly-chrôme, avec mascarons en relief.

66 — Autre analogue, mais de dimension plus petite.

67 — Porte-montre en faïence, à reliefs et décor polychrome

68 — Petit plateau en porcelaine de Chine, représentant un berger et une bergère Louis XV. Gardeur des moutons. Imitation des décors français.

69 — Autre analogue.

70 — Jolie petite paire de vases en porcelaine de Chine, blanc sur blanc décorés de médaillons et d'ornements.

71 — Rhyton à double tête humaine, d'un côté une tête de femme, de l'autre un satyre barbu.

72 — Beau rhyton à tête de belier, sur le col une femme te-nant un plateau.

73 — Joli rhyton à tête de vache, figure de saltinbanque sur le col.

74 — Joli rhyton à tête de levrette, avec figure d'oiseau sur le col.

75 — Deux plateaux à piédouche élevé, en verre de Venise, de couleur rubis.

76 — Deux burettes en verre de Venise, montées sur piédouches et décorées de fleurettes en verre émaillé de couleur.

77 — Vase sur pied élevé, en verre de Venise moulé, dont la panse est ornée de deux aigles à double têtes, et de deux lions en relief. Il porte des traces d'ancienne dorure.

78 — Trois pièces, dont un verre à pied élevé, à double calice.

79 — Vitrail, de forme carrée, représentant le Christ en croix entre les deux larrons. Au pied de la croix, les saintes femmes et des cavaliers.

80 — Vitrail rond, représentant au centre une armoirie, aux armes d'Autriche, supportée par deux lions héraldiques, avec la date 1583; la bordure est composée de blasons divers.

81 — Vitrail carré, représentant le Christ en croix ; à droite et à gauche, saint Jean et Marie.

82 — Autre, de même dimension, représentant l'Annonciation,

83 — Vitrail, de forme carrée, représentant une femme appuyée sur un casque héraldique, ayant pour cimier une demi-figure de sauvage.

84 — Vitrail, de forme carrée, représentant la Vierge tenant le Christ sur ses genoux ; à ses pieds un donataire.

85 — Vitrail rectangulaire représentant une armoirie avec médaillons, décorés de figures et de sujets religieux.

86 — Autre semblable.

87 — Autre semblable.

88 — Vitrail rectangulaire représentant une armoirie ; à droite et à gauche, saint Sébastien et saint Jacques.

89 — Autre analogue.

90 — Vitrail rectangulaire représentant le Christ en croix ; à droite et à gauche, saint Jean et Marie.

91 — Grand bas-relief en argent repoussé, représentant au centre la Mise au tombeau, entourée de petits bas-reliefs refermant des sujets de la vie du Christ. Travail italien.

92 — Encensoir en bronze, dont la partie supérieure est armée des attributs des quatre évangélistes, et de huit arcades sous lesquelles sont des figures de saints.

92 bis — Grand et beau coffre de mariage en os et marquetterie alla certosa enrichi de bas-reliefs représentant des sujets de chevalerie.

93 — Coffret carré, décoré sur toutes ses faces de bas-reliefs en stuc. Travail italien du XVe siècle.

94 — Jolie coupe en lapis-lazuli, sur pied, à balustre, avec monture en argent doré et émaillé de couleurs. Travail italien.

95 — Bassin en argent repoussé et doré en partie; il est de forme allongée. Au centre, la Vendange personnifiée par une déesse couchée, tenant d'une main une grappe et ayant à côté d'elle une corbeille remplie de raisins. Sur les bords, quatre bustes d'hommes alternés avec des rinceaux de feuillages. Époque de Louis XIII.

96 — Autre plus petit, de forme ronde et incomplet, orné de fruits et de feuillages.

97 — Deux jolies lumières en verre de Venise, avec cadre en bois sculpté et doré. Travail vénitien.

98 — Miroir Louis XIII à glace bizeautée, dont le cadre, en bois ronceux, est décoré de treize petits bas-reliefs en argent repoussé, encadré dans des ornements repoussés, en cuivre doré; il est surmonté d'un petit fronton.

99 — Vase, cassolette à parfums, en argent oxydé, niellé et émaillé. Il est richement décoré d'enroulements de feuillages entremêlés d'oiseaux. Sur la panse sont trois à jours, répétés en plus petit sur le couvercle, surmonté d'une

figure de mandarin, le sceptre en main. A une plate-
forme, qui déborde à la naissance du col, sont attachés
six pendants émaillés en vert.

100 — Belle navette à encens, byzantine, décorée d'émaux
et de cabochons en pierre, avec deux médaillons en cuivre
représentant des dragons enroulés.

101 — Autre semblable.

102 — Grand et bel encensoir doré à huit faces, la partie supérieure se compose de deux étages superposés, dont chaque
pan est décoré d'arcades surmontées de frontons et flan-
quées de tourelles, le tout se termine par un toit à flèche.
Travail italien du xv° siècle.

103 — Grand mortier en porphyre rouge oriental, avec son
pilon en même matière.

104 — Grand bassin à rafraîchir, en cuivre repoussé. Travail
vénitien.

105 — Jolie lanterne en fer forgé, décoré de feuillages et de
fleurs.

106 — Deux tables à quatre faces, à pieds contournés, ter-
minés par des pieds de bouc, entièrement couvertes de
peinture au vernis Martin, représentant des pastorales.

107 — Deux cornets entièrement peints au vernis Martin, décorés dans le style chinois.

108 — Sous ce numéro seront vendus les objets omis au présen
catalogue.

MARBRES

ÉXÉCUTÉS PAR M. GIOVANNI BASTIANINI DE FIESOLE

1 — Ganimède. — Ce marbre est la reproduction d'un groupe antique de Florence, restauré par Benvenuto Cellini.

Il est représenté debout, caressant l'aigle au moment ou celui-ci se dispose à l'enlever dans les airs.
Grandeur demi-nature.

2 — Beau buste de Come Iᵉʳ de Médicis; il est couvert d'une chlamyde laissant voir la poitrine revêtue d'une cuirasse richement décorée d'arabesques et de mascarons du plus beau style.

Cette belle pièce est la reproduction exacte du célèbre buste colossal en bronze de Benvenuto Cellini qui existe à Florence *al Bargello.*

3 — Beau buste de femme, *Piccarda Donati,* grandeur nature, la tête couverte d'une draperie, et vêtue d'un riche costume de la fin du xvᵉ siècle, avec manches à crevées. Reproduction d'une peinture à fresque de Ghirlandajo, Santa Maria Novella de Florence.

4 — Petit buste de jeune femme en extase, la tête coiffée dans le style du xvᵉ siècle, et les cheveux entremêlés de perles.

5 — Buste de jeune fille à mi-corps, les deux mains tiennent un livre, elle est coiffée de nattes et semble méditer sur sa lecture.

6 — Charmante statue, grandeur nature, d'un jeune garçon tirant de l'eau un poisson, et paraissant surpris et joyeux par la grosseur de sa pêche.

7 — Statue de jeune fille, représentant le Printemps; elle tient d'une main une corbeille pleine de fleurs qu'elle sème de l'autre.

Ces deux ouvrages sont des compositions originales de l'artiste.

8 — Joli petit bas-relief de forme cintrée, représentant la Vierge assise, tenant sur les genoux l'Enfant Jésus.

9 — Joli bas-relief en ronde bosse, représentant une tête d'une sainte martyre, d'un goût et d'un sentiment exquis. Fac-simile d'une œuvre de Luca Della Robbia, récemment découverte et existant aux offices à Florence.

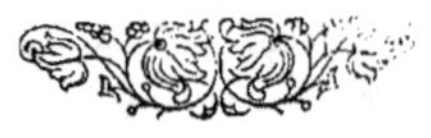

VENTE

POUR CAUSE DE CHANGEMENT DE DOMICILE

MOBILIER ARTISTIQUE

Garnissant l'Hôtel de M.***

140, AVENUE VICTOR-HUGO, 140

EXPOSITION PUBLIQUE

LE MERCREDI 17 MARS 1886

de 1 heure à 5 heures.

M.ᵉ P. CHEVALLIER	M. B. LASQUIN
COMMISSAIRE-PRISEUR	EXPERT·
10, rue Grange-Batelière. 10	12, rue Laffitte, 12

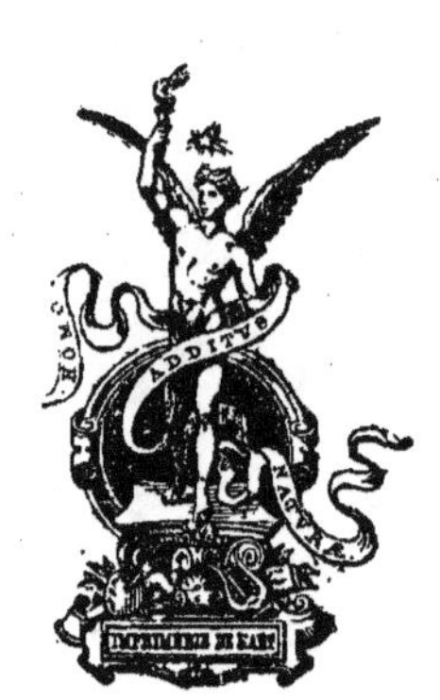
HONOS
ADDITVS
VIRTVTI
IMPRIMERIE DE KAEL